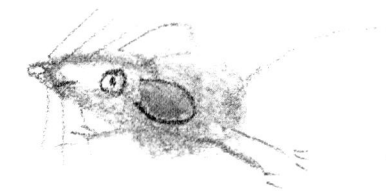

# FABELHAFTE TIERGESCHICHTEN

Dirk Walbrecker • Józef Wilkoń

# Fabelhafte Tiergeschichten

Bassermann

# INHALT

# DER LÖWE UND DIE MÜCKE

„Wirst du wohl verschwinden, du nichtswürdige, winzige Kreatur!", brüllte einst ein Löwe, als ihn eine kleine Mücke umkreiste.

Doch das Tierchen ließ sich nicht verscheuchen. Im Gegenteil: Es suchte Streit mit dem Löwen!

„Meinst du", sagte es zu ihm, „nur weil du der König der Tiere bist, würde ich mich vor lauter Ehrfurcht in Luft auflösen? Was glaubst du, wie ich mit dem Ochsen umgehe? Der ist noch um einiges größer als du und trotzdem mache ich mit ihm, was ich will."

Der Löwe traute seinen Ohren nicht. Welche Dreistigkeit!

Und als die Mücke auch noch vor seiner Nase herumsauste, da packte ihn die Wut: Immer wieder schlug er mit seinen schweren Pranken nach dem Tierchen. Aber … statt es zu erwischen, erreichte er das Gegenteil. Die Mücke wich ihm nicht nur geschickt aus, nein, sie schwirrte ein ums andere Mal um seinen Hals, bis er ganz rasend wurde: Funken sprühten aus seinen Augen, Schaum stand ihm vor dem Mund und sein Gebrüll ließ Berg und Tal erzittern.

Wer nun glaubt, die Mücke hätte sich damit zufrieden gegeben, der irrt. Was eine echte Mücke ist, mag nämlich auch stechen; und so piekste die Kleine den König der Tiere, wo sie nur konnte. Mal am Rücken, mal am Bauch … mal am Schwanz und mal am Kopf … Ja, sie kroch ihm sogar in die Nase und ließ nicht ab von dem armen Löwen, bis der rundum zerstochen war und nicht mehr ein noch aus wusste vor Schmerz: Mit seinem mächtigen Schweif schlug er wie rasend um sich. Doch statt der Mücke traf er nur sich selber oder die unschuldige Luft. Und obendrein erschöpfte er sich dabei so sehr, bis er irgendwann schlaff und ermattet darniederlag.

Und die Mücke?

Sie war stolz, unsagbar stolz! Übermütig flog sie herum. Und jedem, den sie traf, erzählte sie von ihrem großen Sieg über den König der Tiere – bis, ja bis sie in die Nähe einer Spinne kam. Die hatte ein wunderschönes Netz gespannt. Und in dem verfing sich die stolze Mücke und wurde alsbald gefressen.

*(nach Jean de La Fontaine)*

# HERR DOKTOR FROSCH

Einem Frosch wurde es zu langweilig, das halbe Leben unter Wasser und die restliche Zeit auf einem Seerosenblatt zu verbringen.

„Ich muss mir was einfallen lassen!", quakte der Kleine laut vor sich hin. Und bald darauf machte er sich auf den Weg zum Wald, wo sich Tiere aller Art herumtrieben.

Dort hopste er auf einen Eichenstumpf und blickte so würdevoll drein, wie es ihm nur eben möglich war. Es dauerte nicht lang und schon hatten sich viele kleine und große Tiere versammelt, um den seltsamen Zeitgenossen zu bestaunen.

Sichtlich stolz genoss es der Frosch, von so vielen Augen betrachtet zu werden, und schließlich blies er seine Backen auf und erhob quäkend seine Stimme: „Ich hoffe, ihr wisst, wen ihr hier vor euch habt! Wisst ihr das?!"

Als keines der Tiere eine Antwort gab, räusperte sich der Frosch laut und deutlich und verkündete:

„Ich bin der berühmteste Doktor der Welt! Mein Name ist überall bekannt und es gibt keine Krankheit, die ich noch nicht geheilt hätte. Und nun möchte ich meine außerordentlichen Fähigkeiten auch euch zugute kommen lassen. Was euch auch immer quält, ob Kopfschmerz, Schlaflosigkeit, Bauchweh oder Ziegenpeter ... ob Herzweh, Hautjucken oder Ohrensausen ... ob Seelenschmerz, Durchfall oder Nasenbluten ... für jedes Zipperlein werde ich eine Medizin wissen!"

Die Tiere staunten mit großen Augen und großen Ohren. Und wie ein Lauffeuer verbreitete es sich im Wald, welche Berühmtheit sich unter ihnen niedergelassen hatte.

Doch als der Herr Doktor Frosch überhaupt nicht mehr aufhören wollte, große Sprüche zu quaken – da wurde es einem zu bunt:

„Ihr Dummköpfe!", rief der Fuchs. „Habt ihr den Verstand verloren? Guckt euch doch mal diese Kreatur von Doktor an! Die Augen quellen ihm aus dem Kopf, die Stimme klingt kaputter als ein verrostetes Fangeisen, er hat einen Blähbauch und Plattfüße. Und dieser Scharlatan soll euch helfen können?"

*(nach Zachariae)*

12

# DER WOLF UND DAS SCHAF

Ein wohlgenährter Wolf trottete durch sein Revier und spitzte die Ohren: Hatte da nicht jemand geblökt?

Neugierig schlich der Wolf in Richtung des Geräusches. Und was entdeckten seine lüsternen Augen? Ein Schaf.

Kaum erblickte das Schaf den Wolf, warf es sich voller Angst zu Boden und harrte der Dinge, die da drohten.

Der Wolf trat zum Schaf und sprach: „Hör zu! Wenn du mir drei Wahrheiten sagen kannst, werde ich dir nichts tun."

Da erhob sich das Schaf und nahm all seinen Mut zusammen. „Erstens", sagte es, „wäre ich dir am liebsten nicht begegnet. Zweitens wünschte ich mir, da ich dir nun einmal begegnet bin, dass du blind wärest. Und drittens wäre es mir noch lieber, euch Wölfe würde es überhaupt nicht geben."

„Und wieso, wenn ich wissen darf?", fragte der Wolf.

„Weil ihr, obwohl wir Schafe euch nichts getan haben, unsere ärgsten Feinde seid", erwiderte das Schaf.

Der Wolf war verblüfft über so viel Mut und Ehrlichkeit und trollte sich.

Das Schaf aber war sehr glücklich und verkündete allen Freunden: „Es lohnt sich, auch dem ärgsten Feind die Wahrheit ins Gesicht zu sagen!"

*(nach Aesop)*

# LÖWE UND HASE

Hoch oben auf einem Berg herrschte einst ein Löwe. Gefräßig wütete er unter den Tieren, die er seine Untertanen nannte, und lange Zeit wusste niemand einen Rat, wie man dem Tyrannen Einhalt gebieten könnte.

Da traf man sich im großen Kreis und beschloss nach langer Diskussion, dem Löwen einen Vorschlag zu machen: Täglich sollte dem Gefräßigen ein Tier freiwillig gebracht werden. Dafür sollten sich die anderen sicher und frei fühlen können.

Als der Löwe eingewilligt hatte, traf es als Ersten einen alten Hasen, sich freiwillig zu opfern.

Was ist das für ein Leben?, fragte sich der Hase, während er den Berg des Löwen erklomm. Die ganze Zeit verbringt man in Angst und Furcht und nicht einmal wagt man, das Maul aufzureißen! Ab heute soll das anders sein!!

Und wie er in die Nähe des Löwen kam, verlangsamte er seinen Gang, obwohl der Tyrann laut und fordernd knurrte: „Was schleppst du dich so müde vor meine Klauen, Hase? Weißt du nicht, dass ich Hunger habe?"

„Das mag schon sein, Löwe", erwiderte der Hase. „Aber ich bin es leid, mich von Eurer Art tyrannisieren zu lassen. Unterwegs schon überfiel mich ein Vetter von Euch."

„Ein Vetter?", brüllte der Löwe, der keinen seinesgleichen neben sich duldete. „Wie sah er aus?"

„Mindestens so schön und kräftig wie Ihr", antwortete der Hase mutig.

„Das glaube ich nicht!", brüllte der Löwe. „Führt mich zu ihm, damit ich mit ihm kämpfen kann!"

Der Hase tat so, als gehorche er dem Stolzen und Herrschsüchtigen und führte ihn zu einem Brunnen.

„Guck da rein, du Tyrann", sagte das kleine Tier ohne Furcht. „Dort siehst du deinesgleichen."

Neugierig blickte der Löwe in den Brunnen und sah sich selbst im Wasser gespiegelt.

„Verschwinde vor meinem Angesicht!", brüllte der Löwe und stürzte sich voller Wut auf den vermeintlichen Rivalen.

Als sich bald darauf die Nachricht vom Tod des Tyrannen verbreitete, da bewunderte man den Hasen, wie er dem Überlegenen statt mit Furcht mit Mut und Verstand begegnet war.

*(nach einer indischen Überlieferung)*

# DER KORMORAN

Ein Kormoran hatte sein Leben lang reichlich Beute gemacht in den Seen nah und fern seines Nestes. Doch auch der größte Fischräuber wird einmal alt und müde und mag nicht mehr weit fliegen und tief tauchen, um seinen Hunger zu stillen.

So blieb dem Kormoran nur noch ein kleiner, flacher Weiher – und der war schon bald leer geräubert.

Ich muss wohl zu einer List greifen, sagte sich der riesige Vogel und rief den Krebs zu sich, der am Ufer des Weihers spazieren ging.

„Mein lieber Freund", sagte er zu dem Zangentier, „ich muss dir eine traurige Mitteilung machen: Demnächst sollen alle Seen in der nahen und fernen Umgebung trockengelegt werden. Ist das nicht grausam?"

Der Krebs vernahm die Neuigkeit mit Schrecken. Und umgehend machte er sich auf den Weg, um seinen Wasserfreunden die schreckliche Nachricht zu überbringen.

„Das ist eine Katastrophe!"

„Wir müssen alle sterben!"

„Wer soll uns retten?", riefen die Fische und suchten verzweifelt nach einem Ausweg.

Schließlich hatten sie eine Idee: Wenn der Mächtigste, der eigentlich unser Feind ist, uns diese Warnung zukommen lässt, so kann er uns vielleicht auch helfen. Also schickten sie den Krebs zum Kormoran mit der Bitte, etwas für sie zu tun.

„Das lässt sich machen!", gab sich der Fischräuber großzügig. „Mein kleiner Weiher hier ist der einzig sichere Platz weit und breit. Ich werde die armen Fische retten."

Daraufhin raffte er ein letztes Mal alle seine Kräfte zusammen, sammelte Fisch für Fisch aus den umliegenden Seen ein und trug sie in das flache Gewässer bei seinem Nest.

Das traurige Ende ist schnell erzählt: Spät, viel zu spät merkten die Fische, dass auch das freundlichste Wort aus dem Schnabel eines Mächtigen gelogen sein kann. Denn fortan hatte der Kormoran genau das Leben, das er sich erhofft hatte: Ohne viel Anstrengung konnte er sich in seinem Weiher bedienen, wann immer ihn der Hunger überkam …

*(nach Jean de La Fontaine)*

# DIE ZWEI KREBSE

Die Krebsmutter war mit ihrem Kind am Meeresufer unterwegs. Da schimpfte sie mit dem Kleinen:

„Geh gefälligst mal geradeaus und nicht so krumm und schief!"

Der kleine Krebs hielt inne und sagte:

„Mutter, geh du voran und zeig mir, wie's geht. Dann mach ich's dir gerne nach."

Ob die Mutter ihrem Kind diesen Gefallen tun konnte?

*(nach Babrios)*

# RHINOZEROS UND DROMEDAR

Vor langer, langer Zeit traf ein Dromedar ein Rhinozeros und begann ein Gespräch mit ihm:

„Mein lieber Freund", sagte es, „ich finde das Leben ziemlich ungerecht. Zu dir ist das Menschentier immer so freundlich. Es hegt und pflegt dich, es füttert dich, es schaut zu dir auf und am liebsten hat es gleich eine ganze Herde von deinesgleichen um sich herum."

„Stimmt", bestätigte das Dromedar nicht ohne Stolz.

„Irgendwie verstehe ich es ja", sinnierte das Rhinozeros weiter, „ihr seid dem Menschen ein treuer Diener, tragt ihn geduldig durch die Gegend, schleppt sogar seine Lasten, braucht fast nichts zu trinken und bei alledem seid ihr auch noch sanft und geduldig wie kaum ein anderer."

„Stimmt genau", bestätigte das Dromedar.

„Und weshalb", fuhr das gehörnte Tier fort, „bringt uns der Mensch nur Hass und Verachtung entgegen? Sind wir nicht ebenso nützlich und friedlich? Haben wir nicht sogar die Vorzüge eines prächtigen Horns und eines kräftigen Panzers – Waffen, die uns im Kampf fast unbesiegbar machen?"

„Du hast ja Recht, mein Freund!", sprach das Dromedar. „Nur hast du eines vergessen: Wir Dromedare wissen unser Knie zu beugen!"

„Verstehe", brummte das Rhinozeros nach einiger Zeit. Und es beschloss, auch weiterhin aufrecht zu gehen und zu stehen.

*(nach Jean P. de Florian)*

22

# DER GOCKEL UND DIE HENNEN

Wie immer ging es hoch her im Geflügelhof und vor lauter Geschnatter und Geklapper verstand man kaum sein eigenes Gekrächze. Einer aber übertönte alle – das war ein Gockel mit geschwollenem Kamm und aufgeplustertem Federkleid:

„Kikeriki! Kikeriki!", rief er voller Stolz. „Seht ihr, wie schön ich bin? Seht ihr, wie viele Hennen ich mein Eigen nenne?!"

Und wir, überlegten die Hennen, was haben wir zu bieten?

Es heißt, einige Hennen würden noch heute darüber nachdenken …

*(von Dirk Walbrecker)*

# DER HIRSCH, DER HASE UND DER ESEL

Einst kam ein Hirsch, den ein überaus prächtiges Geweih zierte, aus dem Wald, um auf einer Wiese zu äsen.

Da kam ein Hase vorbei, hielt inne und sah den Hirsch mit großen Augen an.

Der Hirsch blieb stehen und wunderte sich über den neugierigen Hasen.

„Was starrst du mich so an, Kleiner?", fragte er den Hasen.

Der Hase machte Männchen und erwiderte: „Sieh mich an, mein Lieber! Ich bin ein kleiner Hirsch."

Der Hirsch glaubte, nicht recht zu hören, und schüttelte sein Haupt.

„Was hast du gesagt?", fragte er den Hasen.

„Wenn ich meine Ohren aufrichte", antwortete der Hase, „dann hab ich ein Geweih wie du. Verstehst du jetzt?"

Während die beiden sich so unterhielten, war ein Esel des Weges gekommen und hatte voller Neugierde die Ohren gespitzt.

„Hase", mischte er sich in das Gespräch, „du hast völlig Recht. Wir alle drei – der Hirsch und ich und du – sind von gleicher Art."

Der Hirsch musterte zuerst den Esel, dann den Hasen, schüttelte den Kopf und ging in den Wald zurück.

*(nach Johann W. L. Gleim)*

# Die Mäuse und die Katzen

Zwischen den Mäusen und den Katzen herrschte Krieg. Und wie das ausging, kann man sich ja denken: Die Mäuse erlitten eine Niederlage nach der anderen.

Deshalb zogen sich die kleinen Tiere eines Tages zu einer Krisensitzung zurück. Es wurde heftig gestritten und schließlich glaubten sie, die Ursache für die vielen Niederlagen gefunden zu haben:

„Bei uns geht es drunter und drüber! Jeder macht, was er will!"

„Genau!", sagte eine besonders schlaue Maus. „Wir brauchen Anführer! Sie sollen uns anderen sagen, wo es langgeht."

Und so wählten sie aus ihrer Mitte einige Mäuse und beriefen sie zu Feldherren.

„Wir müssen uns deutlich sichtbar von unseren Untergebenen unterscheiden!", entschied einer der frisch gewählten Feldherren.

„Richtig!", pflichteten ihm die anderen Vorgesetzten bei. Und sogleich ließen sie sich Hörner basteln und setzten sie sich auf.

Schon bald darauf kam es zur nächsten Schlacht. Und sehr schnell zeigte sich, dass die Mäuse trotz ihrer tapferen Anführer keine Chance hatten. So flink sie nur eben konnten, ergriffen die armen Soldaten die Flucht und suchten Schutz in ihren Löchern.

Die Feldherren hätten natürlich gern das Gleiche getan … Doch dank der Hörner, die sie sich aufgesetzt hatten, passten sie in kein Schlupfloch mehr, wurden gefangen genommen und einer nach dem anderen verspeist.

*(nach Aesop)*

28

# DAS REBHUHN UND DER FUCHS

Ein Rebhuhn saß arglos im Grün, als ein Fuchs heranschlich und mit der freundlichsten Miene einen guten Tag wünschte.

„Wie wunderhübsch du doch aussiehst!", schmeichelte er dem Rebhuhn.

„Deine Füße sind mindestens so schön wie Rosen. Dein Schnabel erinnert mich an eine glänzende Koralle. Und wenn du jetzt auch noch die Augen zum Schlafen geschlossen hättest, so wäre deine Schönheit beinahe unbeschreiblich."

Das Rebhuhn war betört von so viel Schmeichelei und schloss eitel die Augen.

Genau darauf hatte der Fuchs gewartet: Mit einem Satz war er bei dem Vogel und hatte ihn gepackt!

„O bitte, halt inne!", rief das Rebhuhn und vergoss ein paar Tränen. „Ich bin ganz berührt von deinem Scharfsinn und deiner List. Doch verrat mir wenigstens deinen Namen, bevor du mich frisst."

Nun war es der Fuchs, der betört war von so viel Demut. Er öffnete sein Maul und wollte sich bedanken.

Da nahm das Rebhuhn Reißaus und flüchtete ins Buschwerk.

„Ich Dummkopf!", rief der Fuchs. „Irgendetwas hab ich wohl verkehrt gemacht …"

*(nach Romulus)*

# DER LÖWE UND DER IGEL

Ein Löwe saß auf einem Thron von Knochen und hielt Ausschau nach neuen Opfern.

Da kam ein Igel gelaufen.

„Ha ... schmatz, du kleiner Leckerbissen!", brüllte der Unersättliche und nahm das kleine Tier zwischen seine Klauen. „Ein Biss und ich habe dich verschlungen!"

„Na und!", sagte der Igel keck. „Du kannst mich zwar verschlingen. Aber verdauen kannst du mich nicht!"

Es heißt, dem Löwen sei daraufhin das Brüllen für einige Zeit vergangen.

*(nach Gottlieb K. Pfeffel)*

32

# DER STRAUSS

Der größte aller Vögel, der Strauß, hatte alle seine Artgenossen zusammengerufen.

„Heute werde ich fliegen!", verkündete der Riesenvogel und genoss die erwartungsvollen Blicke.

„Jetzt werde ich fliegen!", rief er, breitete seine gewaltigen Fittiche aus und begann, mit seinen langen Beinen so schnell zu laufen, wie es ihm kein anderer Vogel nachtun konnte.

Nur das Abheben, das wollte ihm beim besten Willen nicht gelingen … warum auch will er *alles* können?, fragten sich die anderen Vögel und erhoben sich einer nach dem anderen in die Lüfte.

*(nach Gotthold E. Lessing)*

# DER ADLER UND DER MAULWURF

Vor einiger Zeit kam ein Adlerpaar zu einer Eiche geflogen und wollte sich dort niederlassen, um ein Nest zu bauen. Da meldete sich ganz unterwürfig der Maulwurf zu Wort, der unter der Eiche hauste:

„Großer Adler", sprach er den König der Lüfte an, „dieser Baum ist an den Wurzeln krank und wird nicht mehr lange stehen. Wählt Euch lieber einen sicheren Platz, um Eure Jungen auszubrüten."

Der Adler musterte den kleinen Maulwurf mit scharfem Blick und sprach in verächtlichem Ton: „Was mischst du niederes Wesen dich in die Angelegenheiten der Großen? Weißt du nicht, wen du hier vor dir hast?!"

Der Maulwurf zog es vor zu schweigen und verschwand in einem Erdloch. Schon bald darauf hatte das Adlerpaar das Nest gebaut – ganz so, wie es geplant war. Und es dauerte nicht lange, da lagen Eier im Nest und ein paar Wochen später waren die Jungen ausgeschlüpft.

Doch welcher Schrecken, als eines Morgens der stolze Adlervater mit frischer Beute zur Eiche zurückkehrte, um die Kinder zu füttern: Der Baum war umgestürzt und die Adlermutter und ihre Jungen hatten unter den Ästen den Tod gefunden!

„O welches Unglück!", klagte der mächtigste aller Vögel und verstand die Welt nicht mehr.

Da meldete sich eine Stimme und rief:

„Weißt du, Mächtiger! Die Kleinen kriegen manchmal mehr mit als die Großen. Es ist zwar unser Los, immer nur die Drecksarbeit zu machen. Aber dabei merkt unsereins manchmal früher, wo und wann es an der Wurzel krankt."

*(nach Iwan A. Krylow)*

# DER SCHÄFERHUND UND DER WOLF

Ein Wolf kam regelmäßig zu einem Gehöft und holte sich dort sein Fressen.
So sehr sich der Bauer auch bemühte, seine Schafe zu beschützen, so sehr
sein Schäferhund sich anstrengte, den Räuber zu fassen – immer wieder
gelang es dem Wolf, ein Schaf zu reißen und mit ihm spurlos im Wald zu
verschwinden.

Da geschah es, dass der Schäferhund ohne Ziel und Zweck im Wald herum-
streunte und sich mit einem Mal ganz zufällig vor dem Versteck des Wolfes
befand.

„Was willst du hier?", knurrte der Wolf misstrauisch.

„Ich … ich … ich will mit dir Frieden schließen", stotterte der Hund.

„Also gut, abgemacht!", knurrte der Wolf und reichte
seinem Verwandten die Tatze. Der Schäferhund
schlug ein und dachte sich: Bei
dieser Gelegenheit kann ich
vielleicht für meinen Herrn
etwas regeln!

„Hör zu, Vetter", sprach er deshalb. „Mir liegt seit langem eine Frage auf der Zunge."

„Sprich dich aus!", knurrte der Wolf.

„Ich versteh nicht", begann der Hund, „warum ein so starker und furchtloser Geselle wie du ein so schwaches und wehrloses Geschöpf wie das Schaf überfällt. Dem Magen eines so besonderen Wesens, wie du eines bist, kann doch das Fleisch eines gewöhnlichen Schafes nicht munden, oder?"

„Ich bin nun einmal als Raubtier geboren", erwiderte der Wolf in aller Gelassenheit. „Aber wenn dir das Wohl der Schafe wirklich am Herzen liegt, so geh zu deinem Herrn und halte ihm deine rührende Ansprache! Wir Wölfe fressen nur hin und wieder mal ein Schaf. Die Menschen aber fressen Zehntausende. Ein offener Feind wie wir Wölfe mag schlimm sein. Aber ist es nicht viel übler, ein falscher Freund zu sein?"

*(nach John Gay)*

# DER KRANICH, DER HECHT UND DER KREBS

Einst ärgerten sich ein Kranich, ein Hecht und ein Krebs über ein Gefährt, welches am Uferrand stand.

„Das muss schleunigst hier weg!", stellten sie gemeinsam fest.

„Am besten, wir erledigen das zu dritt und umgehend und sofort!", beschlossen sie gleich darauf und spannten sich vor das Boot.

Doch so sehr sie sich auch bemühten – das Gefährt bewegte sich kaum einen Millimeter von der Stelle.

Was mochte der Grund sein?

An Kraft hatte es nicht gefehlt – das ist klar. Nur wie man gemeinsam an einem Strang zieht … darüber streiten sich die drei wohl noch heute.

*(nach Iwan A. Krylow)*

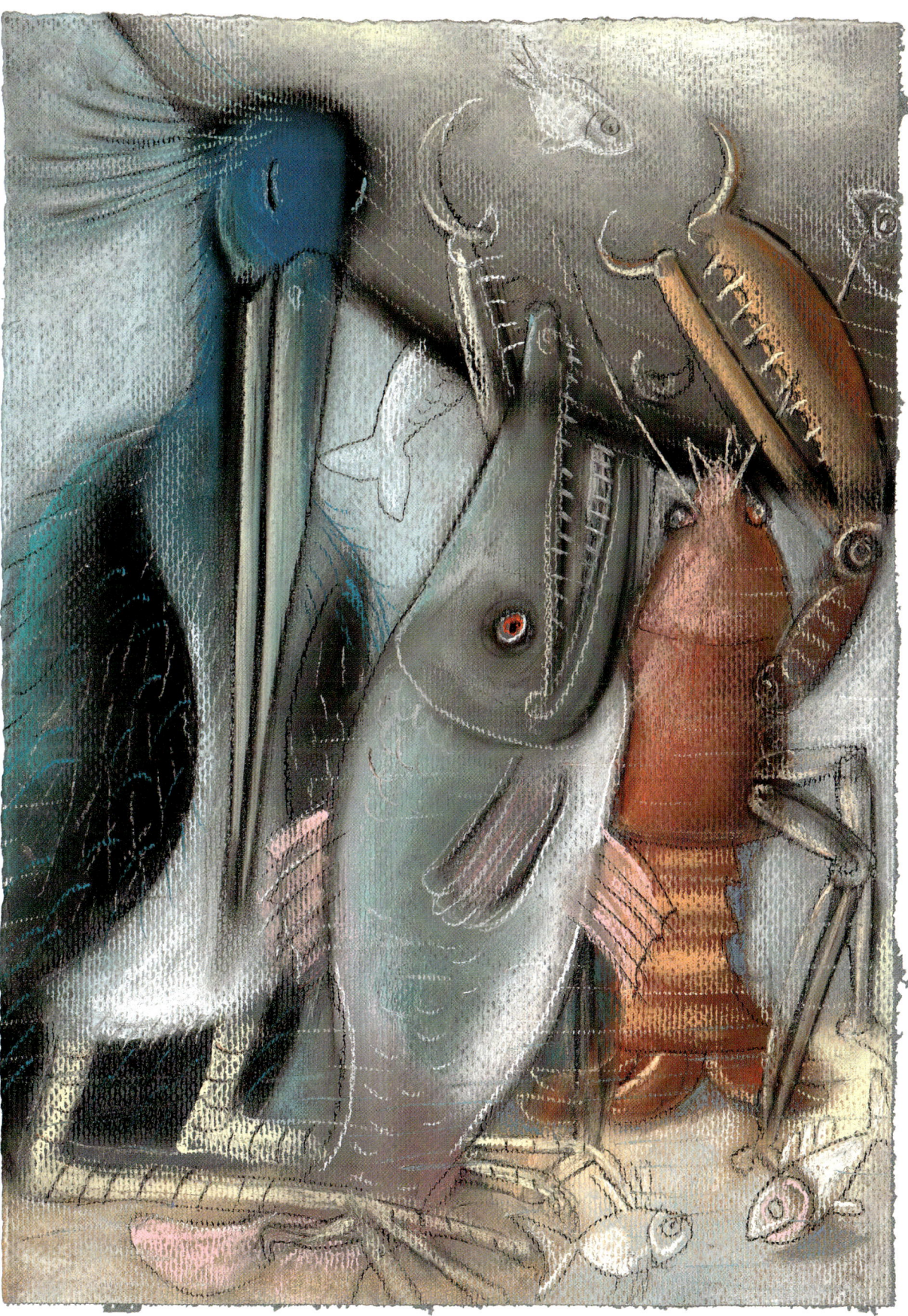

# DER MENSCH, DER HUND UND DIE ANDEREN TIERE

Es ist noch gar nicht lange her, da hielten die kleinen und die großen, die starken und die schwachen Tiere eine Versammlung ab.

„Die Menschen werden immer mehr und für uns bleibt immer weniger Platz!", hieß es da in allen Sprachen und Tönen.

Schließlich meldete sich der Hund zu Wort und sagte: „Regt euch doch nicht so auf! Je mehr Menschen, desto mehr Hunde. Und *ihr* braucht euch auch nicht zu beklagen: In fast allen Städten gibt es einen Zoo. Da hat jeder von euch ein Plätzchen. Und zu essen und zu trinken gibt es da auch genug …"

Der Hund schien der Einzige zu sein, der dieser Meinung war. Denn kaum hatte er geendet, erhob sich ein lautes Murren und Schimpfen und es dauerte lange, bis die Spinne im Baum, die sehr selten etwas sagte, das Wort ergriff:

„Wie ihr wisst, reden die Menschen besonders gern über die Gerechtigkeit. Deshalb solltet ihr ihnen einen Vorschlag machen: Ihr bekommt eure Freiheit zurück und stattdessen leben die Menschen im Zoo. Dort erhält jeder von ihnen ein Plätzchen, zu essen und zu trinken und am Wochenende besucht ihr sie und amüsiert euch."

*(von Dirk Walbrecker)*

# DER HAHN UND DER HASE

Ein Hahn traf einen Hasen und rief: „He, Feigling, flieh!"

„Ich ein Feigling?", erwiderte der Hase und wackelte empört mit seinen Löffeln.

Da hörte er von fern einen Hund nahen. Umgehend machte der Hase Anstalten, die Flucht zu ergreifen.

„Halt, Herr Hase!", rief der Hahn. „Sie wollen doch nicht etwa fliehen?"

Der Hase hielt einen Moment inne, wandte sich zum Hahn um und erklärte: „Ich fliehe nicht, Herr Hahn. Ich eile."

*(nach Don Ramon de Campoamor)*

# DER GEIER, DER FROSCH UND DIE MAUS

Zwei kleine Tiere hatten einen großen Streit:

„Ich bin der Wichtigste hier im Moor!", quakte der Frosch.

„Stimmt nicht!", piepste die Maus. „Keiner ist wichtiger als ich!"

So ging es einige Zeit hin und her und schließlich kam es zum Kampf:
Die kleine Maus hatte sich im Gras versteckt, wartete, bis ihr Feind des
Weges kam, und überfiel ihn von hinten.

„Bist du von Sinnen?", schimpfte der Frosch und forderte die Rivalin zum
Zweikampf heraus. Mit Binsen bewaffnet ging es alsbald in den Ring und
die beiden Gegner fochten, als ginge es um Leben und Tod.

Wen wundert es, dass weder Maus noch Frosch bemerkten, dass ein Geier
geflogen kam?

Der sah sich die Prügelei eine Zeit lang von oben an, dann stürzte er sich
auf die zwei und trug sie kurzerhand in seinen Krallen davon.

*(nach Aesop)*

46

# DER RABE UND DER FUCHS

Ein Rabe hockte auf einem Baum und hielt im Schnabel ein Stück Käse, das er soeben gestohlen hatte. Da erschien, von dem feinen Duft angelockt, ein Fuchs.

„Ei, guten Morgen, Herr von Rabe", sprach der mit Säuselstimme, „wie hübsch Sie doch wieder aussehen! Da muss ja jedem Pfau vor Neid das Gefieder ausfallen."

Dem Raben schwoll das schwarze Federkleid – so wohlig klangen die Worte des Fuchses in seinem Ohr. Und als er den Schnabel öffnete, um sich von Herzen zu bedanken, da ... da fiel ihm der Käse heraus und landete genau vor der Schnauze des listigen Fuchses!

„Seht Ihr, Herr von und zu Rabe", spottete der Fuchs, „nun habt Ihr etwas dazugelernt: Was dem einen schmeichelt, macht den anderen satt."

„Nie wieder lass ich mich von mir selber so betören!", schwor der Rabe, während er dem dicken Käsestück nachtrauerte.

*(nach Jean de La Fontaine)*

# WOLF UND LAMM

Ein Wolf stand eines Tages am Bach, um seinen Durst zu löschen. Da erschien ein junges Lamm, um ebenfalls zu trinken.

Kaum hatte der Wolf das zarte Tier erblickt, überkam ihn Heißhunger und er brach einen Streit vom Zaun:

„Du Mistvieh, du!", rief er. „Du trübst das Wasser, das ich trinken will!"

„Aber das ist doch gar nicht möglich", sagte das Lamm ganz schüchtern.

„Das Wasser fließt ja von dir zu mir herunter."

Der Wolf merkte, dass er Unsinn geredet hatte, war aber um einen weiteren Vorwurf nicht verlegen:

„Du unverschämtes Tier, du hast mich vor einem halben Jahr beleidigt!"

„Aber das kann ja überhaupt nicht sein", wehrte sich das Lämmlein, „da war ich ja noch nicht einmal geboren."

„Dann war es eben dein Vater!", bellte der Wolf und schnappte sich das arme Tier.

Ob es ihm auch gemundet hat – das ist eine ganz andere Frage …

*(nach Phaedrus)*

50

# NASHORN, NILPFERD UND KROKODIL

Es war kein fraulicher, sondern ein herrlicher Sommertag, als der Nashorn-, der Nilpferd- und der Krokodilmann am Fluss zusammenkamen, um über das Leben zu plaudern.

„Habe ich nicht allen Grund, stolz auf mein prächtiges Horn zu sein?", meinte der erste Herr.

„Kennt ihr jemand, der es mit mir in Sachen Kraft und Stärke aufnehmen könnte?", fragte der zweite Herr.

„Hat einer von euch je ein Wesen gesehen, das mir den Besitz dieses Flusses streitig gemacht hätte?", fragte der dritte Herr.

So ließen sie sich einige Zeit über ihre Vorzüge aus, während schwere, dunkle Gewitterwolken aufzogen. Von ferne grollte der Donner, aber das konnte die Herren der Schöpfung nicht schrecken. Sie plauderten und plauderten und sie würden es heute noch tun, wenn nicht genau dort, wo sie sich wohl taten, ein Blitz eingeschlagen hätte …

*(von Dirk Walbrecker)*

# DIE KATZE UND DER KÄSE

Wer spukt denn da in meiner Speisekammer herum?, fragte sich eines Nachts ein Mann, der nicht gerade in Armut lebte.
Mit Herzklopfen schlich er zur Kammertür und lauschte.
„Oh, welche Dreistigkeit! Oh, welche Unverschämtheit! Eine Maus frisst meinen Käse auf!", schrie der Mann wütend, rannte los, holte seine Katze, warf sie in die Kammer und rief: „Friss den Dieb! Friss ihn auf!"

Was aber musste der grimmige Mann am nächsten Morgen feststellen?
Die Katze hatte nicht nur das Mäuschen, sie hatte auch den ganzen feinen Käse gefressen!

*(nach Giambattista Roberti)*

# DIE NACHTIGALL UND DER UHU

Nacht für Nacht erklang wohltönender Gesang im Wald.
Eines Abends machte sich der Uhu auf, um die Sängerin zu besuchen.
„Sag mal, Nachtigall", sprach er zu dem seltsamen Vogel. „Warum singst du eigentlich nur des Nachts? Kaum einer hört dir zu, geschweige denn, dass du ein Lob erhältst. Das bringt doch nichts ein. Rein gar nichts!"
Die Nachtigall lächelte und sagte: „Könnte es nicht sein, dass ich nicht wegen des Lobes, sondern nur aus Freude am Gesang singe?"

*(nach Bertola de' Giorgi)*

# DAS PFERD UND DER FUCHS

Auf einem großen Turnier forderte das Pferd den Stier zum Wettrennen heraus. Nachdem es mit lockerem Lauf gesiegt hatte, jubelten ihm alle Tiere zu. Nur einer schwieg – das war der Fuchs.

„Warum bekomme ich keinen Beifall von dir?", fragte das stolze Pferd.

„Ich warte noch, bis du auch den Hirsch besiegt hast!", entgegnete der Fuchs.

*(nach Gherardo de Rossi)*

# DER ESEL MIT DEM LÖWEN

Der Löwe war zu faul, ständig durch die Gegend zu pirschen, um fette Beute zu suchen. Deshalb überredete er einen Esel, für ihn mit seinem harmlosen Ruf die Opfer anzulocken. Und, man stelle sich vor: Der Esel war auch noch stolz auf diese Aufgabe! Als nun der neue Diener eines Tages ergeben neben seinem neuen Herrn lag und darauf wartete, dass diesen der Hunger überfiel, da kam ein zweiter Esel des Weges und rief: „Guten Tag, mein Bruder!"

Der erste Esel machte ein grimmiges Gesicht, musterte seinen Artgenossen von oben bis unten und rief:

„Wie redest du mich an. Unverschämter! Siehst du nicht, wen du vor dir hast?"

„Merkwürdig", murmelte der zweite Esel, „wo nimmt der Kerl nur seinen Hochmut her?"

*(nach Gotthold E. Lessing)*

# DER MÄUSERICH ALS FREIER

Einst war ein Mäuserich so stolz und eingebildet, dass er dachte, er müsse unbedingt etwas Besseres zur Frau nehmen als eine Maus ... am besten die Tochter des mächtigsten Wesens dieser Welt.

Er ging also zur Sonne, denn die hielt er für unvergleichlich mächtig, und bat sie um ihre Tochter.

„Da bist du bei mir an der falschen Adresse", sagte die Sonne. „Geh lieber zur Wolke, die ist viel stärker als ich! Denn wenn sie vor mir steht, kann kein Lichtstrahl zu dir auf die Erde dringen."

Der Mäuserich befolgte den Rat und sprach die Wolke an: „Du stärkstes aller Wesen, bitte gib mir deine Tochter zur Frau!"

Die machte nicht gerade ein freundliches Gesicht und schickte den Mäuserich weiter zum Wind: „Der ist viel stärker als ich, denn er kann mich mit seiner Kraft zerteilen."

Na gut, sagte sich der Mäuserich. Die beste aller Frauen ist gerade gut genug für mich. Also versuche ich es beim Wind und bitte ihn um die Hand seiner Tochter.

Aber auch der Wind gab dem Mäuserich eine enttäuschende Antwort: „Ich bin nicht so mächtig, wie du denkst. Da gehst du lieber zum Turm. Der ist stärker als ich. Seit Ewigkeiten hält er all meinen Stürmen stand."

„Dann behalt deine Tochter für dich", sagte der Mäuserich und hoffte, nun endlich zum Richtigen zu kommen.

„Guten Tag, du Stärkster aller Starken", begrüßte kurz darauf der Mäuserich den Turm. „Ich möchte bei dir um die Hand deiner Tochter anhalten."

„Ich glaube, man hat dich an der Nase herumgeführt", erwiderte der Turm. „Nicht ich bin der Stärkste ..."

„Sondern?"

„Die Maus!"

Und als dem Mäuserich vor Verwunderung das Schnäuzchen offen stehen blieb, erklärte der Turm: „Die Kleine baut unter mir ein Nest und kein Mörtel ist so stark, dass sie ihn nicht durchbräche. Sie gräbt unter mir und frisst sich durch mich hindurch und nichts und niemand kann sie aufhalten."

„Da renne ich nun seit Ewigkeiten herum", sagte der Mäuserich verblüfft, „und am Ende lande ich doch glatt bei einer Verwandten."

„Das wird schon seinen Sinn haben", antwortete der Turm und wünschte dem Mäuserich eine glückliche Ehe.

*(nach Marie de France)*

62

# WIE SICH PELIKAN UND EMU ENTZWEITEN

Vor langer, langer Zeit lebten Pelikan und Emu noch zusammen. Doch so richtig stimmte es nie zwischen den beiden. Der Emu lebte sorglos in den Tag hinein und scheute jede Arbeit. Er war, mit einem Wort gesagt, stinkfaul! Der Pelikan hingegen ging stets fleißig auf die Jagd. Er sorgte täglich für Feuerholz, um darauf die Beute zu rösten, und ärgerte sich jedes Mal aufs Neue, wenn dann der Emu auftauchte und fragte: „Kannst du mir vielleicht ein bisschen von deinem Holz borgen? Du kriegst es morgen bestimmt zurück."

So ging das Tag für Tag, denn der Emu war und blieb zu faul, sich das Holz selber zu sammeln. Und der Pelikan wusste sich nicht zu wehren, weil er der Schwächere von den beiden war.

Ich muss mir eine List einfallen lassen, sagte er sich schließlich. Und als der Emu das nächste Mal kam, um Holz zu borgen, machte er ihm einen Vorschlag:

„Was willst du eigentlich mit meinem Holz? Nimm doch deine großen Flügel zum Feuermachen. Die brennen mindestens genauso gut."

„Grandiose Idee", sagte der einfältige Emu und entzündete umgehend ein Feuer. Seine Flügel brannten lichterloh, aber erst als ihm gerade noch zwei verkohlte Flügelstummel geblieben waren, merkte er, welch üblen Rat ihm der Pelikan gegeben hatte.

„Du gemeines Stück!", fuhr er seinen geflügelten Kumpanen an und gab ihm einen so gewaltigen Tritt, dass es den Pelikan ganz ungeheuerlich durch die Luft wirbelte, bis er irgendwo kopfüber ins Wasser platschte.

Man kann sich denken, dass dieses Ereignis nicht ganz ohne Folgen blieb: Der Emu lebte fortan an Land und ernährt sich nur noch von Beeren und Nüssen. Der Pelikan ist seither auf dem Wasser zu Hause und fängt Fische.

*(aus Australien)*

64

# Nachtigall und Blindschleiche

Es waren einmal vor langer, langer Zeit eine Nachtigall und eine Blindschleiche, die besaßen jede nur ein Auge. Gemeinsam bewohnten sie ein Haus, hatten sich lieb und kannten keinen Streit.

Eines Tages aber wurde die Nachtigall zu einer Hochzeit geladen. Da sagte sie zur Blindschleiche:

„Ich soll auf ein Fest kommen und möchte nicht gern nur mit einem Auge hingehen. Sei doch so nett und leih mir dein Auge dazu. Morgen bekommst du's wieder zurück."

Die Blindschleiche dachte: Freundschaft ist Freundschaft und tat der Nachtigall den Gefallen.

Diese verbrachte einen höchst vergnüglichen Abend, und als sie am nächsten Morgen nach Hause kam, gefiel es ihr so sehr, zwei Augen im Kopf zu haben und nach beiden Seiten sehen zu können, dass sie der armen Blindschleiche ihr geliehenes Auge nicht zurückgeben wollte.

Die Blindschleiche konnte es nicht fassen und wurde wütend: „Du bist das niederträchtigste Tier, das mir je begegnet ist!", rief sie.

„Na und?", sagte die Nachtigall und ließ sich auch durch diesen Vorwurf nicht erweichen.

„Ich werde auf Rache sinnen!", rief die Blindschleiche ganz außer sich. „Deine Kinder und noch deine Kindeskinder sollen sie zu spüren bekommen!"

„Die wirst du kaum entdecken", machte sich die Nachtigall über die Freundin lustig. „Ich baue meine Nester so hoch in den Bäumen – da wirst du vergeblich suchen."

Damit gingen die zwei für immer auseinander.

Seitdem haben alle Nachtigallen zwei Augen und die Blindschleichen keines. Und wo immer die Nachtigall ein Nest baut, wohnt ganz in der Nähe in einem Gebüsch eine Blindschleiche. Dort wartet sie und hofft, eins der Eier ihrer Feindin zu finden, um es anzubohren und auszutrinken.

*(aus Frankreich)*

66

# Die kleine Sardine und die anderen Fische

Es herrschte große Verwirrung bei den Fischen im Meer:

„Was ist denn hier los?"

„Wer versperrt uns einfach den Weg?"

„Was hängt da Seltsames in unserem Wasser herum?"

Wohin die Fische auch blickten – überall schwammen riesige Netze, nirgendwo gab es ein Durchkommen.

Und dann war es auch schon geschehen: Der ganze Schwarm zappelte im Netz und konnte sich kaum noch regen.

Als Erster fand der fette Thunfisch seine Sprache wieder: „Das geht doch nicht mit rechten Dingen zu!", schimpfte er und versuchte vergeblich, sich zu befreien.

Auch der Zander war wütend wie nie zuvor und japste:

„Wer mischt sich hier in unser Leben ein?"

„Sollen wir etwa fliegen lernen?", wunderte sich der Hering.

„Vielleicht holt man uns in den Himmel", vermutete der Kabeljau.

„Ich befürchte etwas ganz anderes. Ich befürchte, wir landen erst einmal im Kochtopf", röchelte der Heilbutt und damit hatte er wohl Recht.

„Ohne mich!", rief die Sardine, schlüpfte durch die Maschen des Netzes und sprang zurück ins Meer.

Der dicke Thunfisch blickte dem Fischchen neidvoll hinterher, und während er kaum noch atmen konnte, nahm er sich vor: In meinem nächsten Leben werde ich vorsichtshalber auch eine kleine Sardine. Ganz bestimmt und ohne Wenn und Aber!

*(Dirk Walbrecker)*

# DIE BÜFFELKUH UND DAS FISCHCHEN

Eine große, kräftige Büffelkuh kam einmal an ein Bächlein, um zu trinken. Ihr Durst war kaum zu stillen und sie soff und soff und soff …

In dem Bach aber wohnte ein kleines, zierliches Fischchen. Das war stets guter Dinge und bester Laune, flitzte im glitzernden Wasser hin und her und auf und ab und rauf und runter …

Als nun das flitzende Fischchen die saufende Büffelkuh entdeckte, bekam es einen Riesenschreck:

„Du trinkst mir ja mein ganzes Wasser weg!", rief es. „Willst du etwa, dass ich gleich auf dem Trockenen sitze?!"

„Mua", machte die Büffelkuh und soff weiter.

„Hör sofort auf oder du kannst was erleben!", drohte das Fischchen.

„Mua", machte die Büffelkuh und glotzte das Fischchen an: „Vor dir soll ich mich fürchten? Gib lieber Acht, dass ich dich nicht verschlinge!"

Mit diesen Worten machte sie sich wieder ans Saufen und soff und soff und hörte nicht eher auf, als bis kein Tropfen Wasser mehr im Bach war.

Da wurde das kleine, zierliche Fischchen sehr, sehr zornig, sprang aus dem ausgetrockneten Flussbett und verschlang das große, kräftige Büffeltier auf einen Rutsch.

Ist das nicht ein wunderschönes Ende der Geschichte? Die Büffelkuh kann von großem Glück reden, dass es sich hier nur um ein Märchen handelt, nicht wahr?

*(aus Siebenbürgen)*

# DER HAHN, DER PAPST WERDEN WOLLTE

Ein Hahn, ein ganz gewöhnlicher Hahn, hatte eines Tages eine Erleuchtung: Ich werde nach Rom gehen und mich zum Papst wählen lassen!

Ohne viel Federlesens brach er auf, und während er stolz und würdevoll voranschritt, malte er sich aus, wie er in Ehren empfangen würde.

Der Gockel hatte schon ein beträchtliches Stück Weg hinter sich gebracht, da begegnete ihm eine Henne.

„Wohin des Weges, Herr Hahn?", fragte sie den Reisenden.

„Nach Rom, um Papst zu werden", bekam sie zur Antwort.

„Darf ich Euch begleiten, Herr Hahn?"

Der Gefragte dachte einen Augenblick nach und erwiderte: „Einverstanden. Ich nehme dich mit. Wenn ich Papst werde, kannst du Päpstin sein."

So zogen die beiden gemeinsam weiter und es dauerte nicht lange, da trafen sie auf eine Katze.

„Herr Hahn und Frau Henne, wohin geht die Reise?", fragte die und bekam bereitwillig Auskunft:

„Nach Rom. Wir wollen Papst und Päpstin werden."

„Da würd' ich auch gern hin. Nehmt ihr mich mit?", fragte die Katze.

Der Hahn betrachtete die Katze, überlegte einen Moment und sagte:

„Meinetwegen, komm mit, du kannst unsere Kammerfrau werden."

Die drei zogen weiter und nach geraumer Zeit lief ihnen ein Marder über den Weg.

„Darf man fragen, wohin die Reise geht, Herr Hahn, Frau Henne und Frau Katze?"

„Nach Rom", entgegnete der Hahn. „Ich werde Papst und die beiden da werden auch was Wichtiges."

„Darf ich euch vielleicht Gesellschaft leisten?", fragte der Marder.

Der Hahn wiegte den Kopf und verfiel in längeres Nachdenken.

„Meinetwegen", sagte er schließlich. „Als Messdiener kannst du uns von Nutzen sein."

So setzten sie also die Reise zu viert fort und kamen ihrem Ziel langsam, aber sicher näher. Der Hahn schritt erhobenen Hauptes voran und dachte laut darüber nach, wie er sein hochheiliges Amt als Papst ausüben würde. Die Henne folgte ihm und durfte dann und wann auch etwas dazu sagen. In angemessenem Abstand gingen Katze und Marder – schweigend und desto lustloser, je länger sie unterwegs waren.

„Ich verzichte auf mein Amt", sagte irgendwann die Katze.

„Ich auch", sagte der Marder und ohne weitere Diskussion ließen sie Hahn und Henne ziehen.

Nach einer Weile erreichten die beiden eine Stadt und der Hahn meldete: „Hier ist Rom."

Sie hielten Ausschau nach einer Kirche und die Erstbeste, die offen stand, betraten sie und liefen dem Kirchdiener in die Arme.

„Lass sofort alle Glocken läuten!", befahl der Hahn dem Kirchdiener. „Ich bin gekommen, um Papst zu werden."

„Und die Dame an Eurer Seite?", fragte der Kirchdiener respektvoll.

„Sie wird Päpstin", erklärte der Hahn.

„Zu Euren Diensten", sagte der Messner und bat Hahn und Henne in die Sakristei.

Dort schnappte er sich die beiden, drehte ihnen auf der Stelle den Hals um und steckte sie in den Kochtopf. Dann lud er seine Freunde ein und mit Freud' und Wonne wurden Papst und Päpstin verspeist.

*(aus Sizilien)*

# Eule und Rabe

Vor langer, langer Zeit, als die Tiere noch unter sich waren, hatte die Eule eine überaus wichtige Aufgabe: Sie war Färberin und sorgte dafür, dass alle Vögel ein buntes Federkleid bekamen. Von nah und fern kamen sie angeflogen und ließen sich von der Eule färben – ein jeder zu seiner Zufriedenheit, bis man alle kleinen und großen Vögel unterscheiden konnte.

Nur einer, ein besonders eitler Geselle, flog immer noch in seinem schneeweißen Gewand herum: Das war der Rabe und es dauerte sehr lange, bis auch er endlich bei der Eule erschien.

„Hier bin ich, Frau Färberin!", tat er sich wichtig. „Ich wünsche, mit einer Farbe versehen zu werden, die einmalig ist und die es bisher noch nicht gibt."

Die Eule musterte den Raben und dachte einige Zeit nach. „Nun gut, Herr Rabe", sagte sie nach einer Weile. „Ich denke, das lässt sich machen."

Und dann färbte sie ihm das Federkleid kohlrabenschwarz und sagte befriedigt: „So, mein Herr, nun haben Sie eine Farbe, die es auf der Erde bisher noch nicht gibt."

Als der Rabe sah, was ihm angetan worden war, wurde er sehr zornig und begann fürchterlich zu schimpfen.

„Gefärbt ist gefärbt, Herr Rabe", sagte die Eule gelassen. „Ich habe nur genau das ausgeführt, was Sie verlangt haben."

Und damit ließ sie den Rabenvogel in seinem neuen Gewand sitzen.

Man kann sich denken, wie wütend der Rabe nun war, und es ist nicht übertrieben: Er und seine Ahnen verziehen der Eule diesen Schabernack niemals. Immer, wenn ein Rabe einer Eule begegnete, bekam er einen kleinen oder größeren Wutanfall und begann laut zu schimpfen. Deswegen haben es sich die Eulen schließlich auch angewöhnt, sich des Morgens, wenn die Raben zum Flug aufbrechen, in den Wald zurückzuziehen und sich den ganzen Tag dort versteckt zu halten.

Wenn es der Zufall trotzdem will, dass Eule und Rabe aufeinander treffen, dann werfen sie sich bitterböse Blicke zu und wechseln kein Wort miteinander.

*(aus Japan)*

# WIE DER STORCH DAS TANZEN LERNTE

Ein Storch fand eines Tages eine Pfefferschote am Boden. Da er nicht wusste, wie außerordentlich scharf eine solche Frucht ist, pickte er sie bedenkenlos auf und verschluckte sie auf einen Satz.

Es dauerte eine kleine Weile, aber dann geschah's: Erst verdrehte der Storch die Augen. Dann schnappte er nach Luft. Danach färbte sich sein Schnabel feuerrot. Und zu guter Letzt wurde ihm ganz wirr im Kopf und er wusste nicht mehr, wo dieser ihm stand. Er begann zu hüpfen und sehr seltsam zu tanzen und konnte nicht aufhören, bis er die Pfefferschote ganz verdaut hatte.

Das Tanzen hat der Storch seit diesem Erlebnis nicht mehr verlernt. Und auch sein Schnabel ist für immer so rot geblieben …

*(aus Australien)*

# DER WÜSTENFUCHS

Der Wüstenfuchs führte ein hartes Leben. Tagaus, tagein war er in der kargen Wildnis unterwegs, um etwas zu fressen und zu trinken zu finden. Und es kam nicht selten vor, dass er sich mit knurrendem Magen einen Schlafplatz suchen musste.

Aber so entbehrungsreich die Tage und Nächte waren – so richtig schlecht ging es dem Fuchs eigentlich nie. Denn immer dann, wenn Hunger und Durst am größten waren und das arme Tier sehnsuchtsvoll in die Ferne blickte, begann es am Horizont zu flimmern und zu glitzern. In einer Fata Morgana erschienen dem Wüstenfuchs die erlesensten Köstlichkeiten. Es sprudelte reichlich klares und kühles Wasser. Und eine Zeit lang träumte sich der Wüstenfuchs in ein Wohlgefühl, das man herrlicher nicht erleben konnte. Kaum aber machte er sich auf den Weg, um das Glück nicht nur mit den Augen, sondern auch mit der Schnauze zu erhaschen … dann löste es sich in Nichts auf und der Magen begann, erneut zu knurren.

So geht das nicht weiter!, entschied der Wüstenfuchs eines Tages. Ich möchte wissen, wie es den Tieren geht, die nicht so ein kärgliches Dasein fristen wie ich! Er hatte nämlich von Oasen erfahren, in denen es reichlich zu trinken geben sollte, wo das Grün üppig gedieh und wo sich vielerart Getier aufhielt.

Der Fuchs begab sich also auf die Wanderschaft. Und als er sich die Füße fast wund gelaufen hatte, kam er tatsächlich an eine solche Oase. Die Begrüßung für den Fremdling fiel nicht gerade freundlich aus, aber man bot ihm wenigstens eine Mahlzeit an. Und nachdem sich der Fuchs den Bauch vollgeschlagen hatte, fragte man ihn, woher er komme und warum er von so schmächtiger Statur sei. Da erzählte der Wüstenfuchs ohne Klage von den wunderbaren Fata Morganas und seinem entbehrungsreichen Leben.

„Fantastisch! Beeindruckend! Beneidenswert!", riefen die Tiere. „Das muss ja ein beglückendes Gefühl sein, immer die herrlichsten Dinge vor Augen zu haben und trotzdem so genügsam und gesund zu leben."

„So kann man das durchaus sehen", sagte der Fuchs. „Wie wäre es denn, wenn wir tauschen würden: Ich lebe euer Leben und ihr das meine?"

„Eine glänzende Idee!", sagten die Tiere. „Wir werden deinen Vorschlag überdenken und dir so bald wie möglich Nachricht überbringen."

Der Wüstenfuchs nahm Abschied und kehrte in die Wildnis zurück. Auf eine Nachricht von den Oasenbewohnern wartet er noch heute …

*(Dirk Walbrecker)*

# DER ESEL

Es war einmal ein Esel, der führte ein geruhsames und friedvolles Leben. Eines Tages aber hatte er es satt, immer nur „I-a, I-a" zu rufen. Er ging zum Löwen und sagte: „Bitte leih mir deine kräftige Stimme, damit ich die anderen Tiere ein bisschen erschrecken kann!"

Der Löwe tat ihm den Gefallen. Aber als der Esel jetzt laut brüllend herumstolzierte, da wunderten sich zwar die anderen Tiere – einen großen Schreck jedoch bekam niemand.

Der Esel machte sich so seine Gedanken und kam zu dem Schluss: Vielleicht brauche ich auch ein dickeres Fell!

Also begab er sich zum Braunbären und sagte: „Bitte gib mir etwas von deinem Fell ab!"

Der Bär war einverstanden. Doch als der Esel jetzt mit seinem neuen Gewand herumlief, war ihm nicht mehr so wohl in seiner Haut. Denn die anderen Tiere sahen ihn jetzt recht merkwürdig von der Seite an, kicherten leise und manchmal lachten sie sogar laut.

Wahrscheinlich brauche ich einen langen Hals, um auf die anderen herabschauen zu können!, überlegte sich der Esel und begab sich zu einer Giraffe.

„Ich brauche ein Stück von deinem Hals", bat er sie und wurde nicht abgewiesen.

Höchst zufrieden stakste der Esel davon. Und als ihm die ersten Tiere begegneten, blickte er auf sie hinab und sie guckten zu ihm herauf. Irgendetwas aber schien trotzdem nicht zu stimmen. Denn die Tiere sahen ganz ohne Respekt zum Esel hoch. Und des Esels Kopf schien sich in der luftigen Höhe auch nicht ganz wohl zu fühlen.

Vielleicht muss ich richtig abheben können, um ein echtes Hochgefühl zu haben!, sagte sich der Esel und beschloss, einen Adler aufzusuchen.

„Leih mir bitte deine Schwingen!", bat er den König der Lüfte.

Der Adler wunderte sich über den seltsamen Artgenossen, wollte aber nicht unhöflich sein und wünschte ihm einen guten Flug.

Der Esel hob ab – weit allerdings kam er nicht. Er stürzte zu Boden, brach sich fast den Hals und vor lauter Schreck verschlug es ihm die Sprache.

Möglicherweise hab' ich etwas falsch gemacht, ging es dem Esel durch den Kopf. Und er beschloss, in aller Ruhe einmal darüber nachzudenken.

*(Dirk Walbrecker)*

80

# DIE SEEGURKE

Es gab wieder einmal Ärger zwischen den Fischen und den Vögeln. Und
da man die Angelegenheit nicht friedlich regeln konnte, wurde
beschlossen, den Streit in einem Wettkampf auszutragen. Schon früh am
nächsten Morgen trafen sich die verfeindeten Parteien auf dem flachen
Felsenriff und begannen ihren Kampf. Es wurde hart gefochten und bald
schien die Sache entschieden. Die Fische hatten keine Chance. Sie wurden
von den Vögeln ins Meer zurückgeworfen.
„Bravo, Vögel, bravo!", rief die einzige Zuschauerin, eine Seegurke.

Aber es dauerte nicht lange, da kamen die Fische mit neuem Mut heran-
geschwommen. Und siehe da: Sie trieben die Vögel aufs Land zurück.
„Bravo, Fische, bravo!", rief jetzt die Seegurke.
„Diese dumme Gurke!", waren sich die beiden Parteien plötzlich einig. „Zu
wem hält sie denn nun? Zu uns oder zu euch?" Ganz einfach: Die Seegurke
scheint ein bisschen feige zu sein. Damit sie es jedem Recht machen kann,
redet sie mit zwei Mäulern. Das eine davon, das vordere, ist ein echtes. Das
andere aber schaut nur so aus und ist eigentlich das Hinterteil. So ist es nun
mal: Wer feige ist, redet meist doppelzüngig. Und es heißt dann zu Recht:
„Er hat zwei Mäuler wie die Seegurke."                          *(aus der Südsee)*

# DER ANGSTHASE

Einst, an einem sonnigen Nachmittag, ging der Hase spazieren, um das Leben zu genießen. Da plötzlich – er hatte gerade eine weite, sandige Ebene betreten – bemerkte er den Schatten seiner beiden Ohren.

Hilfe, ein großes zweihörniges Tier verfolgt mich!, dachte der Hase und ergriff Hals über Kopf die Flucht. Er rannte und rannte … doch so sehr er sich auch mühte – das gehörnte Tier blieb stets an seiner Seite.

Da endlich, als der Hase schon ganz außer Puste war, erreichte er ein schattiges Gebüsch. Mit letzter Kraft sprang er hinein, blickte umher und war sehr erleichtert: Der gehörnte Verfolger war vom Erdboden verschwunden!

Danke, lieber Gott!, keuchte das Häslein. Hättest du mir nicht so schnelle Füße gegeben, hätte ich diesem gemeinen Angstmacher niemals entkommen können …

*(aus Afrika)*

# Von der Fliege, die zur Schule ging

Es war einmal eine Fliege, die landete zufällig in einem Schulzimmer. Sie blieb ganz still sitzen und lauschte, wie der Lehrer mit den Kindern ein Lied einübte:

> „Schrimm, schramm, schrumm,
> der Esel, der ist dumm!"

Ein schönes Lied!, dachte die Fliege und gab sich große Mühe, es auswendig zu lernen. Als die Schulstunde zu Ende ging, war die Fliege sehr stolz: Nun bin ich klug und weiß mehr als alle meine Verwandten. Ich werde mich in die weite Welt begeben und die anderen Tiere unterrichten. Wohlgelaunt flog sie davon und kam schon bald zu einer Wiese, wo ein Esel weidete. Kurzerhand landete sie auf seinem Rücken und begann zu singen:

> „Schrumm, schramm, schrumm,
> der Esel, der ist dumm!"

„Das ist ja ein hübsches Lied!", sagte der Esel. „Komm, setz dich auf meinen Schwanz und sing es noch einmal."
Die Fliege freute sich riesig über das Lob und tat, wie der Esel sie geheißen. Doch kaum saß sie auf dem Schweif und der erste Ton erklang, machte es: Wusch! Und die Fliege sauste schneller, als sie je geflogen war, durch die Luft und landete recht unsanft am Boden.
„Undankbarer Kerl!", brummte die Fliege, rieb sich die schmerzenden Beine und flog davon.
Kurz darauf kam sie an einen Bach. Sie landete auf einem Grashalm und betrachtete das glitzernde Wasser. Da tauchte ein Fisch auf und wünschte der Fliege einen guten Tag.

> „Schramm, schrimm, schrumm,
> die Fische, die sind dumm!",

sang die Fliege.

Kaum war der letzte Ton verklungen, machte es einmal kräftig: Platsch! Und die Fliege bekam eine solche Ladung Wasser ab, dass ihr Hören und Sehen verging.

„Undankbares Stück!", prustete die Fliege, schüttelte sich mehrmals kräftig und konnte nur mit Mühe davonfliegen.

Einige Zeit später, es wurde schon Abend, landete die Fliege an einem Teich, auf dem eine Gans zu Hause war.

„Schrumm, schrumm, schrumm,
die Gänse, die sind dumm!",

sang sie und wartete auf ein freundliches Wort der Gans.

„Ich bin leider etwas schwerhörig, Fliege", schnatterte das Federtier. „Komm, lass dich auf meinem Schnabel nieder, damit ich dich richtig verstehen kann."

Endlich mal jemand, der meine Künste zu schätzen weiß, dachte die Fliege, flog auf die Schnabelspitze der Gans und begann, so laut sie nur konnte, zu singen:

„Schrumm, schrumm, schrumm, schrumm,
die Gänse, die sind schrecklich dumm!"

Da auf einmal machte es: Schnapp! Und ehe sich die schlaue Fliege auch nur ein Abschiedswort überlegen konnte, hatte die Gans sie schon verschlungen.

Schade, dass ich nicht singen kann! Dann wüsste ich ein schönes Lied … sagte sich die Gans und watschelte zufrieden ins Wasser, um ihre abendliche Runde zu drehen.

*(Zigeunermärchen)*

# DIE ANTILOPE MIT DER HARFE

Einst hatte der Elefant eine große Anzahl Tiere zusammengetrommelt, damit sie ihm tüchtig zur Hand gingen. Als sie auf dem Weg zur Arbeit bei der Antilope vorbeikamen, rief diese: „He, wo rennt ihr denn alle hin? Bleibt lieber bei mir. Hier gibt's genug zu tun!"

„Moment mal", erregte sich der Elefant, „was mischst du dich in meine Angelegenheiten? Die da sind meine Arbeiter und gehorchen meinen Worten." Und um dem Gesagten Nachdruck zu verleihen, trötete er lauthals: „Wenn ihr nicht umgehend zur Arbeit erscheint, gibt's großen Ärger."

Damit stapfte er davon und die Tiere folgten ihm kleinlaut, aber mit großem Abstand.

Gut, dachte sich die Antilope schmunzelnd, dann werde ich sie eben bei der Arbeit ein bisschen unterhalten. Sie holte ihre Harfe, setzte sich an den Weg und begann, wunderschöne Musik zu spielen.

Als die Tiere aus der Ferne die Töne hörten, verging ihnen die Lust, sich für den Elefanten abzurackern. Eins nach dem anderen zog es zur Musik. Und es dauerte nicht lange, da waren alle bei der Antilope, um zu tanzen und sich zu freuen.

Aus und vorbei war es mit der Arbeit. An diesem und auch an den nächsten Tagen wartete der Elefant vergeblich auf die Tiere.

„Das geht doch nicht mit rechten Dingen zu", grummelte er und beschloss, die Tiere zu suchen. Als er bei der Antilope vorbeikam, sah er sie alle – tanzend, singend und das Leben genießend.

„Was ist hier los? Was geht hier vor?", wunderte sich der Elefant.

Die Antilope grinste und sagte: „Ich habe doch gesagt: Bleibt hier bei mir. Hier gibt's genug zu tun. Als du nichts davon wissen wolltest, hab' ich nur ausprobiert, ob die Tiere eher deinen Worten oder meinen Tönen folgen würden. Ist da etwa was Schlimmes dran?"

Der Elefant dachte eine Weile nach, schüttelte den Kopf und beschloss, ebenfalls bei der Antilope zu bleiben.

*(aus Afrika)*

# DER FUCHS UND DIE GÄNSE

Einst kam der Fuchs auf eine Wiese und konnte sein Glück kaum fassen: Hockte da doch glatt eine ganze Schar schöner fetter Gänse!

„Anscheinend komme ich wie gerufen!", rief der Fuchs schmunzelnd. „Ihr sitzt so hübsch beieinander, dass ich eine nach der anderen auffressen kann."

Die Gänse erschraken fürchterlich, fingen laut an zu gackern, flatterten wild umher und begannen schließlich, um ihr Leben zu flehen.

„Nichts da", entschied der Fuchs, „ich lass' mich auf keine Verhandlungen ein. Ihr müsst alle sterben."

Jetzt wurde das Gegacker und Gejammer so laut, dass dem Fuchs die Ohren schmerzten.

„Führt euch doch nicht so auf! Jeder muss mal sterben", rief er und leckte sich gierig das Maul.

Da fasste sich eine der Gänse ein Herz und trat vor den Fuchs: „Wartet noch ein Momentchen! Bevor wir jungen Gänse unser Leben herschenken, gewährt uns eine Gnade. Lasst uns beten, damit wir nicht in Sünde sterben. Danach stellen wir uns sofort in einer Reihe auf und du kannst dir immer die Fetteste von uns aussuchen."

Der Fuchs war beeindruckt von so viel Frömmigkeit und sagte: „Betet! Ich werde so lange warten, bis ihr fertig seid."

Nun fing die erste Gans ihr Gebet an, machte in einem fort „Ga! Ga!" und wollte gar nicht mehr aufhören.

Die anderen lauschten andächtig. Als die Buße aber überhaupt nicht enden wollte, begann auch die zweite mit ihrem Gebet und machte „Ga! Ga! Ga!". Und dann fiel die dritte ein und machte „Ga! Ga! Ga! Ga!" und danach folgten die vierte und die fünfte und so fort, bis alle zusammen gackerten und schnatterten, schnatterten und gackerten …

(Übrigens: Die Gänse sind immer noch beim Beten. Aber wenn sie fertig sind, wird das Märchen ganz bestimmt weitererzählt. Ehrenwort!)

*(nach den Brüdern Grimm)*

# DER FROSCH AUS RIGA UND DER FROSCH AUS LIEPAJA

Lange Zeit ist's her, da gab es einmal zwei Frösche, die etwas höchst Seltsames erlebten.

Der eine wohnte in der Stadt Riga und war noch nie auf Reisen gewesen. Der andere wohnte in der Stadt Liepaja und hatte seinen Heimatort gleichfalls noch nie verlassen.

„Ich sollte wenigstens mal einen Ausflug in die Nachbarschaft machen und gucken, wie's in Liepaja aussieht", sagte der Frosch aus Riga.

Und genau am gleichen Tag sagte der Frosch aus Liepaja: „Ich sollte mir wenigstens mal Riga angucken. Vielleicht ist es dort viel schöner als in meiner Stadt."

Und gleich am nächsten Tag, zur selben Stunde, machten sich die beiden Frösche auf den Weg. Es war ein anstrengender Ausflug, denn genau in der Mitte zwischen den beiden Städten liegt ein Hügel und den mussten die zwei Tiere erklimmen. Der Frosch aus Riga schnaufte gehörig, und als er kurz vor dem Gipfel war, hörte er ein ebensolches Schnaufen von der anderen Seite. Dem Frosch aus Liepaja erging es nicht anders. Und als er die Anhöhe endlich erklommen hatte, da staunte er nicht schlecht, weil im selben Moment sein Artgenosse aus Riga eingetroffen war.

„Sei gegrüßt! Wo kommst du her? Wo willst du hin?", fragte der eine.

„Sei gegrüßt! Wo kommst du her? Wo willst du hin?", fragte der andere.

„Ich komme aus Liepaja und will sehen, wie's in Riga aussieht", antwortete der eine.

„Und ich bin aus Riga und will mir Liepaja angucken", sage der andere.

So kamen sie ins Gespräch, redeten über dieses und jenes und am meisten über die Störche, die den langen Ausflug so gefährlich machten.

„Wären wir ein bisschen größer, könnten wir von hier oben Ausschau halten und uns den langen Weg ersparen", sagte der eine Frosch.

„Ich hab' eine gute Idee", sagte der andere Frosch. „Wenn wir uns auf die Hinterbeine stellen und uns gegenseitig stützen, dann kannst du nach Liepaja schauen und ich nach Riga und so ist uns beiden geholfen."

Gesagt, getan. Die zwei richteten sich auf, hielten sich aneinander fest, reckten sich und streckten sich und wunderten sich:

„Merkwürdig", sagte der eine. „Riga sieht ja kein bisschen anders aus als Liepaja!"

„Seltsam", sagte der andere. „Liepaja sieht ja genauso wie Riga aus!"

Und vor lauter Wundern und Staunen vergaßen sie völlig, dass sie Frösche waren. Die haben bekanntlich ihre Augen ganz oben am Kopf und gucken natürlich rückwärts, wenn sie auf den Hinterbeinen stehen.

„Da hätte ich ja ebenso gut zu Haus bleiben können!", sagte der Frosch aus Liepaja enttäuscht.

Das Gleiche sagte der Frosch aus Riga und die beiden nahmen Abschied voneinander und machten sich auf den Heimweg.

„In Riga sieht es aus wie bei uns", erzählte der eine Frosch seinen Artgenossen.

„In Liepaja sieht es aus wie bei uns", erzählte der andere Frosch seinen Verwandten.

Und genau das ist der Grund, warum kein Frosch aus dieser Gegend je wieder auf Reisen gegangen ist.

*(aus Lettland)*

# DER FISCHKÖNIG

Wie ein jeder weiß, pflegen viele Tiere das Gleiche zu tun wie die Menschen (oder umgekehrt): Sie wählen sich zu ihrem Oberhaupt eine Königin oder einen König. Bei den Vierfüßern ist der oberste Herrscher der Löwe. Bei den Vögeln ist es der kleine Zaunkönig. Und auch Bienen und Ameisen wählen regelmäßig ihre Königinnen. Ja, selbst die Frösche hüpfen zur Wahl.

Dass aber auch die Fische auf die Idee kamen, einen König zu wählen, ist weniger bekannt. Möglicherweise liegt es daran, dass sie um ihre Wahl nicht so einen Lärm machen, wie es bei uns der Fall ist. Jedenfalls hat bisher noch kein Mensch einen Fisch ein lautes Wort reden hören …
„Lasst uns einen wählen, der bei uns Recht spricht und den Schwachen gegen die Starken hilft", hieß es also unter Wasser. „Wer der schnellste und der gewandteste Schwimmer ist, soll unser König sein!"

Und dann kam es zur großen Wahl: Alles, was Flossen hatte, war versammelt. Das Ziel wurde bestimmt und eine lange Gasse gebildet. Die Schwert- und die Sägefische übernahmen den Ordnungsdienst und gaben jedem, der sich vordrängte mit der flachen Klinge eins aufs Maul. Die fliegenden Fische schnellten ein ums andere Mal in die Luft, um das Rennen als Schiedsrichter von oben zu beobachten. Die Meeresfische stellten sich schon zur Parade bereit. Und die Knurrhähne bereiteten sich auf den kräftig geknurrten Siegertusch vor. Scheinbar abseits schwammen die Sternseher. Sie prophezeiten jedem, der es wissen wollte, dass bei der ganzen Wählerei nichts Gescheites herauskommen werde. Die Rüsselfische und die Murmelbrassen wollten überhaupt nicht wählen, weil sie einen König für völlig überflüssig hielten. Und auch die winzigen Stichlinge nahmen die Wahl nicht ernst und witzelten und stichelten unentwegt herum.

Doch dann war es für jeden zu spüren: Der alte Zitterrochen schlug einmal kräftig mit seinem elektrischen Schwanz – das Rennen war gestartet! Forelle und Schleie, Barsch und Karpfen, Lachs und Steinbutt, Neunauge und all die vielen anderen Arten machten sich auf die Strecke, um möglichst schnell das Ziel zu erreichen. Aber schon bald hatten einige das Gedrängel und Geschubse satt: „Was plage ich mich hier?", sagte sich die Scholle. „Langsam kommt man auch ganz schön weit und außerdem interessiert mich der Thron einen feuchten Sand!"

Dafür schoss der Hecht wie ein Pfeil allen voran und sah alsbald wie der sichere Sieger aus. Doch da tauchte aus klarstem Wasser neben ihm ein kleiner Fisch auf! Mit spöttischer Miene rief er:

„Eile mit Weile, Herr Hecht!" Und schnell wie der Blitz hatte er ihn überholt.

„Der Hering ist vorn! Der Hering gewinnt das Rennen!", tönte es überall entlang der Strecke.

Die Freude war groß, der Jubel enorm und gleich nach dem Zieleinlauf traf man Vorkehrungen, den kleinen Fisch zum König zu küren.

„Wer hat gewonnen? Wer wird unser König??", fragte die Scholle, die noch lange nicht das Ziel erreicht hatte.

„Der Hering, der Hering!", rief ihr die Flunder zu.

„Der Hering? Ausgerechnet der nackte Hering?!", ärgerte sich die Scholle. Und dabei zog sie ein so schiefes Maul, dass es ihr für immer und ewig so blieb. Beleidigt blieb sie der Krönungsfeier fern und es darf schon hier verraten werden: Lang währte die Freude des Königs nicht – es gibt eben zu viele unter den Fischen, die den Hering zum Fressen gern haben …

*(nach L. Bechstein)*

# DIE BREMER STADTMUSIKANTEN

Einem Esel drohte Schlimmes: Jahrelang hatte er seinem Herrn die Korn-
säcke zur Mühle geschleppt – doch nun, als seine Kräfte langsam nach-
ließen, sollte sein Leben bei einem Schlachter enden.

„Das lass ich mir nicht bieten, da hau ich lieber vorher ab und werde
Stadtmusikant in Bremen!", sagte sich das Tier und machte sich kurzerhand
aus dem Staube.

Der Esel war noch nicht weit gekommen, da traf er einen Hund, der nicht
gerade munter dreinschaute.

„Was japst du denn so erbärmlich?", fragte der Esel.

„Mir geht's hundeelend", bekam er zur Antwort. „Weil ich bei der Jagd nicht
mehr der Schnellste bin, wollte mein Herr mich totschlagen. Da hab' ich
Reißaus genommen und hab' nun keine Ahnung, wie ich an Futter
kommen soll."

„Mach dir keine Sorgen, Freund", erklärte der Esel. „Geh mit mir nach
Bremen und werde Stadtmusikant. Ich spiel die Laute und du haust auf die
Pauke. So schlagen wir uns schon durch."

Der Hund war hochzufrieden und gemeinsam machten sie sich auf den
Weg.

Kurze Zeit später begegneten sie einer Katze, die machte ein Gesicht wie
drei Tage Regenwetter.

„Wer ist denn dir in die Quere gekommen?", fragte der Esel.

„Man will mir an den Kragen", jammerte das Katzentier. „Nur weil ich keine
Lust mehr habe, ständig hinter den blöden Mäusen herzujagen und lieber
hinter dem warmen Ofen sitze, will mich meine Hausfrau ersäufen."

„Kein Problem", rief der Esel. „Du verstehst dich doch auf Nachtmusik,
nicht wahr?"

„Na klar."

„Na eben! Da ziehst du mit uns nach Bremen und wirst Straßen-
musikantin."

Die Katze war auf der Stelle einverstanden und man zog zu dritt weiter.

Aber die drei waren noch gar nicht lange unterwegs, da hörten sie, wie
jemand aus Leibeskräften schrie: Ein Gockel mit buntem Federkleid saß auf
einem Hoftor und konnte sich fast nicht einkriegen.

„Hör auf! Dein Krähen geht einem durch Mark und Bein!", brachte der Esel
den Hahn zum Schweigen. „Was ist denn passiert, dass du so außer dir bist?"

„Man will mich köpfen, köpfen will man mich!", klagte der Hahn. „Immer hab' ich gut' Wetter prophezeit und nun soll ich zum Dank im Suppentopf landen. Deshalb schrei ich jetzt, solang mir der Hals noch gerade steht."

„Quatsch!", sagte der Esel. „Das ist keine Lösung. Du ziehst mit uns nach Bremen. Einen mit deiner Stimme können wir noch gut gebrauchen."

Dem Hahn war inzwischen alles recht – Hauptsache, er konnte weiterkrähen. Und so setzten sie den Weg zu viert fort, bis es später Abend wurde. Bremen war noch fern und sie beschlossen, im Wald zu übernachten.

Kaum jedoch hatten sie sich eine gute Nacht gewünscht, da tönte der Hahn aus dem Wipfel eines Baumes: „Kikeriki! Ich seh' ein Feuer schimmern. Nicht weit von hier scheint ein Haus zu sein!"

„Da lässt es sich bestimmt gemütlicher übernachten", rief der Esel.

„Und zu fressen gibt's da sicher auch etwas!", rief der Hund, dem der Magen knurrte.

„Dann nichts wie hin!", miaute die Katze und schon bald darauf hatten die vier das Haus erreicht.

Der Esel als der größte von ihnen schlich sich an das beleuchtete Fenster, richtete sich auf den Hinterbeinen auf und warf einen kurzen Blick ins Innere.

„Ich glaub', mich tritt ein Pferd!", flüsterte er aufgeregt. „Da drinnen hockt 'ne Räuberbande und feiert ein Gelage. Der Tisch biegt sich unter den Köstlichkeiten. Und wie armselig sind wir dran?!"

„Das kann sich umgehend ändern, wenn uns nur was Schlaues einfällt", flüsterte der Hahn grimmig.

„So ist es!", knurrte der Hund.

„Genau!", miaute die Katze.

Kurz entschlossen zogen sich die vier zu einer Beratung ins Dunkle zurück und schon bald war der Plan gefasst: Die Räuber sollten das Fürchten lernen!

Der Esel stieg mit den Vorderhufen auf das Sims des beleuchteten Fensters. Der Hund sprang dem Esel auf den Rücken. Die Katze kletterte dem Hund auf den Rücken. Der Hahn flog der Katze auf den Kopf. Und wie sie da so hoch aufgebaut standen, begannen sie Musik zu machen: Der Esel schrie, dass sich die Balken bogen. Der Hund bellte, als sei der Teufel persönlich hinter ihm her. Die Katze miaute aufs Grässlichste und der Hahn krähte ohrenbetäubend. Dann stürzten sie in die Stube hinein, dass die Scheiben nur so klirrten und die Räuber glaubten, ein grausiges Gespenst wolle sich ihrer bemächtigen! Mit fürchterlichem Geschrei sprangen sie auf und rannten davon, bis sie sich tief im dunklen Wald einigermaßen sicher fühlten.

„Prost Mahlzeit!", riefen die vier Musikanten ausgelassen, als sie bald darauf an der Räubertafel Platz genommen hatten.

Und dann schlugen sie sich die Bäuche voll, wie sie es noch nie in ihrem Leben getan hatten. Als sie abgefüllt waren und nicht mehr Wau oder Miau, Kikeriki oder Ia oder sonst was sagen konnten, löschten sie das Licht und suchten sich jeder einen Schlafplatz: der Esel draußen auf dem Mist, der Hund hinter der Tür, die Katze auf dem warmen Herd und der Hahn auf einem hohen Balken vor dem Haus. Eine gute, friedliche Nacht wünschten sie sich und beinahe, aber auch nur beinahe hätten die vier auch eine solche gehabt.

Bis Mitternacht blieb alles ruhig. Doch dann kam jemand zum Haus geschlichen, der dem ganzen Spuk misstraute: einer der Räuber!

Das Licht ist aus. Keine Gespenstermusik weit und breit.

Vielleicht haben wir einen oder zwei über den Durst getrunken und uns das ganze Spektakel nur eingebildet!, dachte der Räuber und schlich auf leisen Sohlen ins Haus zurück. Und wie er auf dem Herd etwas leuchten sah und es für zwei glühende Kohlen hielt, wollte er daran ein Licht entzünden und nach dem Rechten sehen.

Was fuchtelt der Spitzbub vor meiner Nase herum?!, wunderte sich die Katze und ihre Augen glühten. Wütend sprang sie dem Räuber ins Gesicht und spuckte und kratzte. Der arme Kerl erschrak ganz entsetzlich und ergriff zum zweiten Mal die Flucht. Aber hinter der Tür lag der Hund im Weg und biss ihm kräftig in die Wade. Kaum war der Räuber aus dem Haus, um quer über den Misthaufen das Weite zu suchen, schlug ihm einer mit den Hinterläufen einen doppelten Haken, dass er viele, viele Sternchen sah. Und hoch oben von einem Balken schrie jemand ganz so, als sei gerade der Morgen angebrochen.

Welche Schauergeschichte der Räuber kurz darauf seinen Kumpanen im Wald erzählte, kann man sich denken. Es war eine so schauerliche Schauergeschichte, dass keiner der Räuber je wieder einen Schritt auch nur in die Nähe des Räuberhauses tat. Dafür gefiel's den vier Musikanten fortan so gut darin, dass sie beschlossen zu bleiben und ganz vergaßen, weiter nach Bremen zu ziehen …

*(nach den Brüdern Grimm)*

# KRANICH UND ENTE

Ein Kranich und eine Ente lebten einst im Moor. Jeder hatte dort sein eigenes Heim – am einen Ende der Kranich, am anderen die Ente.

Eines Tages wurde dem Kranich das Alleinsein zu langweilig und er beschloss: Ich werde meine Kusine, die Ente, heiraten. Die ist genau die Richtige für mich!

Er machte sich sogleich auf den Weg, und als er das ganze Moor durchwatet hatte, rief er:

„Hallo, Ente! Bist du daheim? Hier ist dein Vetter, der Kranich."

Die Ente kam aus ihrem Haus gewatschelt und begrüßte ihren Verwandten:

„Hallo, Vetter! Was führt dich zu mir? Was willst du von mir?"

„Dich heiraten", erwiderte der Kranich.

„Mich heiraten?", wunderte sich die Ente und sie musterte ihren Vetter erst von oben bis unten und gleich anschließend von unten bis oben. „Nein, Vetter, nein. Daraus wird nichts. Deine Beine sind mir zu lang, dein Anzug zu kurz. Du kannst nicht richtig fliegen und ernähren kannst du mich wahrscheinlich auch nicht. Nein danke. Kein Interesse."

„Dann eben nicht", sagte der Kranich gekränkt, machte auf dem Fuße kehrt und trat den Heimweg an.

Es dauerte aber gar nicht lang, da begann die Ente zu bereuen, dem Vetter Kranich eine Abfuhr erteilt zu haben. Ehe ich als einsame Jungfer sterbe, überlegte sie, sollte ich lieber den Heiratsantrag annehmen. Und kurzerhand machte sie sich auf den Weg, um dem Kranich einen Besuch abzustatten.

„Guten Tag, lieber Vetter!", meldete sie sich bald darauf an der Schwelle zu dessen Heim. „Ich hab's mir anders überlegt, lieber Vetter. Du kannst mich doch zur Frau nehmen."

„Nein, Ente, jetzt will ich nicht mehr", sagte der Kranich. „Ich lebe lieber allein. Und du verziehst dich schleunigst nach Haus!"

Die Ente war tief getroffen, Tränen rannen ihr übers Gesicht. Wortlos wandte sie sich um und watschelte traurig von dannen.

Ich Idiot!, sagte sich schon wenig später der Kranich. So eine kriegst du bestimmt nie wieder. Außerdem macht es überhaupt keinen Spaß, allein zu sein.

Also machte er sich umgehend auf den Weg, um ein weiteres Mal die Ente aufzusuchen.

„Hallo, Kusine!", begrüßte er die Ente mit schuldbewusstem Gesicht. „Wenn

ich's mir so richtig überlege, wären wir doch ein wunderschönes Paar, findest du nicht auch? Komm, lass uns auf der Stelle heiraten!"

„Nein!", sagte die Ente und war flugs in ihrem Haus verschwunden.

Der Kranich hatte verstanden: Hier war jedes weitere Wort zu viel. Missmutig und enttäuscht machte er sich auf den Heimweg.

Wer nun glaubt, hier sei das Märchen zu Ende, der irrt gewaltig. Denn nun war es die Ente, die sich einsam und verlassen fühlte. Voller Reue dachte sie: Das war der größte Fehler in meinem Leben, den Kranich nicht zum Mann zu nehmen. Einen besseren bekomm' ich wahrscheinlich nimmer mehr!

Flugs verließ sie ihr Haus und watschelte auf dem kürzesten Weg durch das Moor, um den Kranich aufzusuchen. „Hallo, geliebter Vetter!", rief sie ganz aufgeregt. „Bist du daheim? Hier steht deine Kusine und will dich heiraten." Es dauerte eine geraume Zeit, bis der Kranich sich zeigte. Erwartungsvoll und mit klopfendem Herzen sah ihm die Ente entgegen.

„Nun, wie wär's mit uns zweien?", fragte sie und konnte das Jawort kaum erwarten.

„Nein danke", sagte der Kranich und verzog sich ohne ein weiteres Wort. Und seitdem besuchen sich die beiden und machen sich gegenseitig Heiratsanträge ... mal der Kranich der Ente und mal die Ente dem Kranich ... immer abwechselnd. Aus der Hochzeit aber ist bis heute nichts geworden.

*(aus Russland)*

# DER ARME UND DER REICHE HAHN

Einst lebte auf einem Berg ein Hahn, der war sehr arm. Auf dem Berg gegenüber, den man den Geisterberg nannte, lebte ein anderer Hahn, der hatte merkwürdigerweise einen Menschenkopf und war sehr reich. Kein Wunder übrigens, denn er vermochte Geld auszubrüten und verschaffte sich und allen, die auf seinem Berg lebten, unermesslichen Reichtum. Natürlich wurde er deshalb von seinen Nachbarn geliebt und verehrt. Und er hätte von morgens bis abends glücklich sein können, wenn … ja, wenn da nicht jener Hahn auf dem anderen Berg gewesen wäre …

Was erlaubt sich dieser Gockel eigentlich?!, ärgerte sich der Hahn jeden Tag mindestens ein Dutzend Mal. Immer, wenn ich krähe, kräht dieser Möchtegern zurück! Mir bleibt wohl nichts anderes übrig, als diesem Quertreiber seine Grenzen aufzuzeigen.

Er rief umgehend seine Diener zu sich, befahl reichhaltigen Reiseproviant einzupacken und wenig später machte sich der ganze Tross auf den Weg. Vorneweg stolzierte der reiche Hahn mit einem langen Stock. An dessen vorderem Ende hing eine wunderschöne Schildpattschale. Am anderen Ende baumelte ein großer Korb voll Geld. Und hinterher schritt die Dienerschaft mit dem Proviant.

Sie waren eine ganze Zeit lang unterwegs, bis sie den Berg des armen Hahnes fast erklommen hatten. Neugierig sah sich der reiche Hahn in dem fremden Gebiet um und wunderte sich:

Hier sieht es ganz anders aus als bei mir da drüben! Und dieser vorwitzige Gockel scheint sich auch verzogen zu haben …

Probehalber plusterte der reiche Hahn sein Gefieder auf und ließ ein kräftiges „Kikeriki!" ertönen. Und höre da: Ganz in der Nähe antwortete laut und deutlich der andere Hahn! Nach ein paar Schritten nur standen sich die beiden Widersacher gegenüber.

Der reiche Hahn blähte die Brust und rief: „Was krähst du hier herum?"

Der arme Hahn blickte den Fremdling verschüchtert an und die Antwort blieb ihm im Halse stecken.

„Du willst mich wohl ärgern?!", krähte der reiche Hahn noch lauter, bekam aber wieder keine Antwort.

„Was soll ich mit dir anstellen, Kerl?", überlegte der reiche Hahn laut. „Soll ich dich mal kräftig rupfen? Oder soll ich dir deinen Kamm zerbeißen? Oder die Augen auskratzen? Oder willst du, dass ich dir gleich den Hals umdrehe, damit ich endlich meine Ruhe habe?!"

Der Angesprochene sah noch armseliger aus als bisher und ganz schüchtern erhob er seine Stimme: „Das war nicht mein Ansinnen, ehrlich! Ich wollte mit meinem Krähen nur dein Mitleid wecken, weil ich nichts besitze und Tag für Tag Hunger leiden muss. Sieh selbst: Hier auf meinem Berg wächst kaum ein Halm, mein Ende ist leicht abzusehen."

Bei diesen Worten wurde dem reichen Hahn plötzlich ganz weh ums Herz. Mit einem Mal sah er seinen gefiederten Bruder mit anderen Augen und seine bösen Absichten lösten sich in Wohlgefallen auf.

„Hier, nimm all meine Speisen! Und der Korb mit dem Geld soll dir auch gehören, damit du in Zukunft alles hast, was du brauchst."

Von diesem Tag an fühlten sich beide Hähne wie im Märchen. Der arme brauchte nicht mehr zu klagen, weil er genügend zu essen hatte. Und der reiche musste sich nicht mehr über das Krähen vom anderen Berg ärgern.

*(aus der Südsee)*

# DER HASE

Einst kam der Hase zum lieben Gott, um sich zu beklagen. „Du, weißt du was?", sagte er. „Ich find' es ziemlich ungerecht auf der Erde. Ich armer Hase muss immer vor allen anderen davonrennen. Aber mich fürchtet niemand, vor mir läuft keiner davon!"

Der liebe Gott lächelte milde (so wie es seine Art ist) und erwiderte: „Hase, mach dich auf den Weg, bis du zu einem Teich kommst. Dort wirst du erleben, wie andere auch vor dir davonrennen."

Der Hase mochte dem lieben Gott nicht so recht glauben, bedankte sich aber und hoppelte davon.

Wenig später kam er zu einem Teich und siehe da: Er hatte noch nicht das Ufer erreicht – da machte es plumps, plumps, plumps und ein Frosch nach dem anderen war in hohem Bogen ins Wasser gehüpft.

„Wunderbar, märchenhaft! Die fürchten mich ja richtig!", rief der Hase und begann vor lauter Freude so laut und herzhaft zu lachen, dass ihm die Oberlippe in der Mitte auseinanderriss. Diese Hasenscharte aber behielt der Arme bis zum heutigen Tag.

*(aus Polen)*

Der Text dieses Buches entspricht den Regeln der neuen deutschen Rechtschreibung.

ISBN 3 8094 1560 X

© 2004 by Bassermann Verlag, einem Unternehmen der Verlagsgruppe Random House GmbH, 81673 München
© der Originalausgaben „Fabelhafte Tiergeschichten" und „Die Antilope mit der Harfe. Märchenhafte Tiergeschichten" by Patmos Verlag, Düsseldorf

**Umschlaggestaltung:** Epsilon2, Konzept & Gestaltung, Augsburg
**Projektleitung:** Carina Janßen
**Illustrationen:** Józef Wilkoń
**Satz:** Filmsatz Schröter GmbH, München
**Druck:** Těšínská tiskárna a.s., Český Těšín

Printed in Czech Republic

817 2635 4453 6271